AF250579

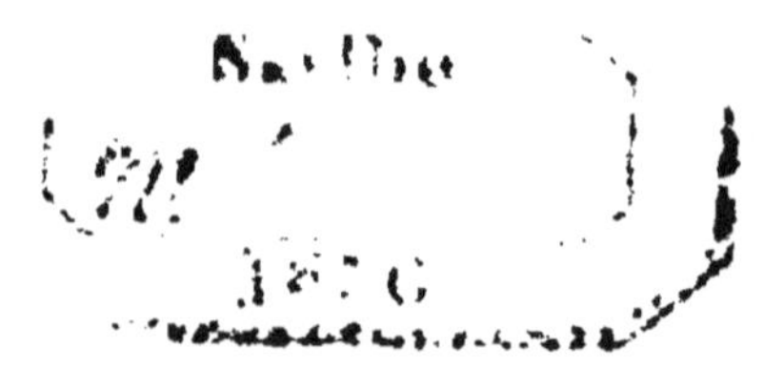

INAUGURATION

DE

L'ORGUE D'ACCOMPAGNEMENT

DE LA CATHÉDRALE DU MANS

INAUGURATION

DE

L'ORGUE D'ACCOMPAGNEMENT

DE LA CATHÉDRALE DU MANS

PAR M. BOYER

Ancien Professeur de Rhétorique , Membre honoraire de la Société d'Agriculture
Sciences et Arts de la Sarthe , Doyen des Organistes français.

AU MANS

DE L'IMPRIMERIE JULIEN, LANIER ET Cᵉ

1856

1

C'est un événement vraiment joyeux pour les pieux fidèles, et surtout pour les amateurs de musique religieuse, que l'établissement d'un orgue d'accompagnement dans le chœur de notre belle cathédrale ; il était désiré depuis longtemps, et notre Maître de Chapelle attendait avec impatience cet instrument si nécessaire pour soutenir, faire ressortir le chant, et qui se propage de plus en plus dans toutes les grandes églises. *L'har-monium*, employé depuis quelques années dans la nôtre, a été un heureux essai de l'effet que produit un bon accompagnement pour donner à la musique religieuse la majesté que réclame le culte divin ; mais tout le talent de l'accompagnateur ne pouvait suppléer à l'impuissance d'un si faible instrument dans un aussi vaste édifice que l'église de Saint-Julien, et nous appellions de tous nos vœux le bel orgue qui a déjà obtenu tous les suffrages, par les épreuves solennelles qui en ont été faites au milieu de l'allégresse générale causée par l'arrivée de notre nouveau prélat, et par la fête si splendide et à jamais mémorable qui l'a suivie immédiatement, en l'honneur de l'Immaculée Conception de la très-sainte Vierge.

Heureusement M. l'abbé *Blin* avait été organiste avant de se voir maître de chapelle, et l'orgue n'était point nouveau sous ses doigts. Aussi a-t-il su tirer un excellent parti de la riche et puissante harmonie de son magnifique instrument, pour dominer cette masse imposante de plusieurs centaines de voix qui remplissaient le chœur. On a pu admirer l'éclat, la rondeur des sons des jeux d'anche, autant que la profondeur et le moelleux des jeux de fonds que l'habile artiste a su varier avec une rare intelligence, suivant le caractère des morceaux qu'il accompagnait : tantôt un plain-chant grave, majestueux, exécuté avec une justesse et un ensemble parfaits ; tantôt des mélodies douces de quelques

voix seulement, variété de musique bien ména-
gée et remplissant les âmes de célestes émotions.
La foule nombreuse des auditeurs a été ravie du
mélange de ces sublimes accents, et l'assentiment
est unanime sur l'utilité comme sur l'excellence
de ce précieux instrument, qui compte treize
jeux distribués sur deux claviers. La beauté exté-
rieure de ce buffet égale sa riche et touchante
harmonie. L'ornementation de la boiserie, la
délicatesse exquise des sculptures, font le plus
grand honneur à l'artiste (1) déjà si avantageu-
sement connu par tant d'admirables ouvrages où
le fini de l'exécution le dispute à la fécondité
de l'invention.

On ne pouvait confier cet orgue à un facteur
plus habile que M. *Ducroquet*, qui a mis le com-
ble à sa célébrité en faisant sortir, comme de ses
cendres, le *phénix* des orgues de Paris, que
l'église *Saint-Eustache* est fière de posséder (2).
En voyant briller sur la poitrine de cet illustre
artiste la décoration de la Légion d'honneur, noble
et juste récompense de ses orgues grandioses,
je me suis rappelé, avec un plaisir extrême, le
premier facteur de son époque, le fameux Clic-
quot, que *Louis XVI* décora du cordon noir de

(1) M. Blottière.
(2) Cet orgue a remplacé l'orgue incendié.

l'ordre du Saint-Esprit, pour son orgue de Saint-Sulpice , le plus complet qui existât alors. La facture de l'orgue a fait depuis d'immenses progrès, et notre orgue d'accompagnement possède des jeux nouveaux qui ont encore été perfectionnés par M. *Ducroquet.* Je me suis estimé heureux d'avoir fait partie de la commission chargée de recevoir ce petit chef-d'œuvre. Nous l'avons trouvé parfaitement d'accord avec le grand orgue, que nous avons fait entendre alternativement. Je tressaillais de joie en me voyant assis, en 1855 , devant ce nouvel orgue dont les sons me ravissaient, en me rappelant le déplorable état de celui que je desservais en 1785, et qui a été restauré il y a peu d'années ; je bénissais de toute mon âme de si heureux changements : *Non laudator temporis acti me puero.*

Quel plaisir j'éprouve quand j'entends ce savant accompagnateur marier sa voix si pure avec les doux sons de l'instrument qui lui sert d'orchestre! Et ce n'est pas un faible avantage que de pouvoir se passer des autres instruments, que l'on peut cependant adjoindre , *ad libitum*, dans les grandes solennités. M. l'abbé *Blin*, qui est non-seulement agréable chanteur, mais encore fort bon compositeur (1), peut maintenant, sans

(1) M. l'abbé Blin, qui veut me reconnaître pour son maître d'harmonie, ne me doit réellement que les

autres frais que son propre talent, exécuter ses belles messes qui le rendent le digne successeur des *Lesueur*, *Marc* et *Berlin*. Il fera entendre sa *sixième messe* le 2 février prochain, jour choisi pour la réception solennelle de l'instrument qu'il a voulu mettre sous la protection spéciale de la Reine des anges, et qui a été obtenu par les constantes sollicitations du respectable chanoine (1) qui a rendu d'éminents services à notre cathédrale. Le zèle des amateurs de la musique religieuse a fait don de la riche et belle boiserie du buffet, comme autrefois de pieuses associations ornèrent le chœur de ses magnifiques vitraux.

Mais un objet essentiel, c'est l'entretien indispensable de ce précieux instrument, que l'on doit désirer être soigneusement accordé quatre fois l'an. Il est surtout urgent de le garantir du redoutable fléau de la poussière du nettoyage du chœur. C'est une chose déplorable que la négligence presque générale d'un soin si important. Qui croirait que,

éléments de ce bel art. Il a bien plus acquis par ses propres efforts, aidés de solides études littéraires, qui sont la clef de toutes les connaissances. Il s'est surtout nourri de l'analyse pratique des partitions des grands maîtres des trois écoles ; car *l'imitation* est la source féconde de tous les arts.

(1) M. l'abbé Dubois, chanoine de la cathédrale.

dans ma longue carrière d'organiste, je n'ai vu que mon orgue de Saint-Saturnin de Tours (que j'occupais en 1778), protégé contre cette poussière désastreuse qui nécessite de fréquents et coûteux relevages, toujours préjudiciables à l'instrument. Je vois encore ce grand orgue clos par deux contrevents ayant la forme des tourelles, et qui, en s'ouvrant pour les offices, offraient à mes yeux enchantés David avec sa harpe, et sainte Cécile ayant les mains sur son clavier.

N'oublions pas de féliciter l'habile architecte d'avoir trouvé dans le chœur de la cathédrale la seule place convenable pour ce bel instrument, dont la forme et les ornements s'harmonisent si bien avec l'architecture de ce majestueux édifice. J'ai admiré surtout les tuyaux symétriquement inégaux de la montre, qui laisse un libre passage à l'harmonie pour aller se propager dans les voûtes sonores. Cette forme de montre existe dans les tableaux des plus anciennes orgues, où figure notre sainte patronne.

II

Samedi dernier (2 février 1856) a été célé-
brée , en présence de Monseigneur , la
messe solennelle annoncée pour l'inau-
guration de l'orgue d'accompagnement qui vient
d'être établi dans le chœur de notre cathédrale.
Cette messe , dont la musique est de la compo-
sition de M. l'abbé Blin, maître de chapelle , est
la *sixième* qu'il fait entendre ; nous l'avons écou-
tée avec une sérieuse attention , et nous osons
affirmer qu'elle n'est point inférieure à celles que
nous donnaient autrefois nos savants maîtres,
qui employaient un grand appareil d'orchestre
dont le brillant éclat n'empêchait pas de trouver
que les morceaux fatiguaient l'admiration par

leurs longueurs. M. l'abbé Blin a sagement évité ce défaut, qui serait beaucoup plus intolérable aujourd'hui.

Son *Kyrie* s'est annoncé majestueusement par de riches accords remplissant l'oreille d'une harmonie grandiose, où l'orgue a déployé toute sa puissance; puis des chants d'une suavité religieuse ont élevé les cœurs vers ce Dieu dont on implore les miséricordes. Ils ont fait ressortir le *Gloria in excelsis*, plein d'un divin enthousiasme de louanges et d'adoration que les jeux d'anche ont admirablement rendu par leur belle qualité de sons. Les doux accents des flûtes et des fonds veloutés, ont ensuite charmé les âmes, qu'un final vigoureux a de nouveau fortement et brièvement émues.

Le *Credo* du même style a offert une agréable variété par de célestes mélodies et des chœurs harmonieux. En général, toute cette belle musique a été remarquable par le mouvement des *basses*, qui sont l'âme du discours musical.

L'offertoire *Magnus Dominus*, de *Buhler*, est un beau morceau très-bien choisi pour faire apprécier la superbe voix de basse qui l'a exécuté. Le délicieux *O salutaris* de M. l'abbé Blin, si bien chanté par lui, a plu singulièrement par un accompagnement très-flatteur de hautbois, délicatement exécuté par M. Kan. Ce morceau, où respire toute l'âme du maître, prouve, par l'expression qu'il y a mise, qu'on ne réussit à bien faire que lorsque l'on est vivement pénétré de ce qu'on fait, que le sentiment est vrai et que l'inspiration est pure : les belles âmes seules peuvent réussir à faire quelque chose de bien. Cette importante vérité serait fort utile à traiter dans l'éducation de la jeunesse.

Enfin la messe a été suivie du beau *cantique* en l'honneur de saint Julien, dont les paroles sont d'un modeste ecclésiastique, l'un de mes anciens et plus chers élèves. Le refrain de ce chant très-agréable est d'un effet ravissant. Deux bonnes contrebasses soutenaient puissamment cette religieuse harmonie.

L'accompagnement d'orgue de toute cette belle musique a été exécuté par *Charles Frin*, élève de M. l'abbé Blin; il a tenu le clavier avec un aplomb qui fait le plus grand honneur à son maître et au bon enseignement de la psallette.

M. l'abbé Blin a été très-bien secondé par les élèves de l'école Normale et quelques amateurs.

Ainsi ce laborieux maître, après six ans

d'actives sollicitations et d'une admirable persé-
vérance, a le rare bonheur de voir ses soins et
ses efforts couronnés d'un plein succès.

Une messe est fondée à perpétuité, dans la
cathédrale du Mans, au jour de la fête de sainte
Cécile, patronne des musiciens, pour les géné-
reux souscripteurs de l'orgue dont les premiers
accents ont dignement célébré l'arrivée d'un
prélat qui a rendu la joie à tous les cœurs.

On attend encore trois figures qui couronneront
l'ornement de ce bel ouvrage, que l'on croit sur-
passer tous ceux qui existent dans les églises de
Paris.

BOYER,

Ancien Professeur de Rhétorique, Membre
honoraire de la Société d'Agriculture,
Sciences et Arts de la Sarthe, Doyen des
Organistes français, — ineunte ætatis anno
octogesimo nono. — LAUS DEO !